LUZ Y SOMBRA EVOLUCIÓN ABSOLUTA.
PARTE I

DEDICATORIA

Muchas veces vivimos nuestro día a día en piloto automático, sin darnos cuenta lo efímera que es la vida, y es de vital importancia tener claras cuáles son tus más óptimas prioridades. No venimos a contarte que la vida es esto o aquello, cada quien saque sus propias conclusiones.

En este recorrido elaborado con mucho amor y veracidad dedicado a mi familia, compartiremos nuestra historia basada en hechos de la vida real, hace 8 años atrás dando la vuelta a nuestras vivencias y transformándola en sabiduría, recordando siempre que la vida es un viaje y no un destino.

ÍNDICE

Todos somos producto de nuestras luces y sombra, forman parte de lo que somos, de lo que no queremos ser, de lo que puede que seamos. Somos entre lo que reconocemos, lo que evitamos, lo que admitimos, lo que ignoramos y no queremos ver. Estamos hechos de luces y sombra de la aceptación y de las partes de nosotros que no queremos aceptar, dentro de todo este proceso en el trayecto de nuestra vida implica nuestra transformación, evolución y cambio. Reconocemos que las luces en ocasiones nos ciegan el camino y las sombras nos dan las respuestas que necesitamos. Dentro de este contexto definiremos las luces como el conjunto de cualidades, virtudes, emociones positivas y comportamientos adecuados. Y Definiremos las sombras como el conjunto de frustraciones, experiencias vergonzosas, dolorosas temores o inseguridades que se alojan en nosotros. Ante una situación de peligro inminente para la supervivencia del cuerpo, nuestra naturaleza animal toma el mando y actúa de manera inmediata, pasando por encima inclusive de nuestro yo consciente. La mejor forma de integrar nuestras partes opuestas internas, luz y sombra personal, es afrontarla con la mayor honestidad posible y querer conocerla conscientemente. Si asumo mis proyecciones aceptándolas, puedo utilizarlas como mis mejores aliados en el proceso de transformación personal y enriquecer la vida con una mayor confianza y decisiones más asertivas. Inclusive las personas que nos parecen más sabias e iluminadas, que nos parecen increíbles y maravillosas reconocen en ellos esta dualidad. Entendiendo esto podemos mejorar de manera increíble el fenómeno de proyección el cual definiremos como un "mecanismo de defensa mediante el cual atribuimos a los demás, aquellos rasgos de nuestra personalidad que no queremos ver o reconocer en nosotros, por resultarnos dolorosos o inaceptables". (Carl Gustav Jung) Abrazar todo lo que eres traerá como consecuencia aceptarte, amarte y reafirmarte como persona, es allí donde podrás aprovechar todo tu potencial.

CAPITULO 1

INICIANDO NUEVO AÑO.

Un primero de enero del año 2012 cuando recibíamos con optimismo el nuevo año, con expectativas, sueños, anhelos sin saber lo que nos esperaba un diagnóstico fatal de mi pequeño; de esos que nos tumba y nos toma de manera inesperada. Es allí cuando entra en juego tus emociones, aun siendo una persona con muchos años de estudio a nivel profesional, y habiendo sido de canal de ayuda a otras personas de manera satisfactoria. Viéndonos sin muchas opciones a tomar. Me dije en un diálogo mirándome al espejo, aproximadamente las siete, al caer la tarde: hoy te toca a ti ser tu propia guía, canalizadora y terapeuta en tus emociones, por consiguiente, de tus decisiones. Sé que podrás asumir todo esto.

El reconocer nuestras propias emociones y el poder hacer conciencia de ello, asumirlas nos abre una ventana a la claridad mental y emocional que necesitamos para ver la cruda realidad de manera centrada e ir en busca de soluciones adecuadas. Lo interesante de todo esto, es que cada momento del día emitimos vibraciones de amor, enojo, de aceptación, de rechazo, en fin, y si somos conscientes de ello sabremos que todo regresa a ti. Créeme esto no es filosofía "new age" es ciencia.

CAPITULO 2

EN BUSCA DE SOLUCIONES.

Vista la realidad, aceptada, luego de haber expresado un sin fin de emociones, fuimos con claridad a la búsqueda de soluciones, una mañana aproximadamente 6 a.m., sentados pensando, planificando posibles opciones al igual que tomando acciones inmediatas al respecto en plazos cortos, medianos y a futuro obviamente no muy lejanos en vista de la situación.

Cuando tu vida se presenta arrolladora de esas que crees este es el fin, y piensas no sé cómo termine todo esto; tienes dos opciones: o caes en caos absoluto o te levantas y asumes, voy a intentarlo todo y que pase lo que tenga que pasar, aun estando fuera de mi voluntad, daré todo lo que tenga que dar, sobre todo cuando es un ser querido quien está en juego.

Sin embargo, quienes conocemos y estudiamos la parte emocional y conductas del ser humano tenemos consciencia que cada emoción causa una respuesta sobre nuestro organismo, ya que somos una unidad indivisible, y por lo tanto aquello que nos afecta, no lo hace a una única parte de lo que somos, sino que tiene un impacto en todo nuestro ser, a menudo se nos olvida que nuestras emociones son procesos químicos en nuestro cuerpo.

CAPITULO 3

LLEGANDO A UNA CIUDAD DESCONOCIDA.

Luego de una breve anticipación de diagnóstico y tratamientos previos, abordamos una ciudad desconocida de nuestro hábitat, siendo la opción en el momento más adecuada y en mejor rango profesional en medicina de niños de nuestro país de origen Venezuela. Nos adaptamos a los cambios, conocimos mucha gente, compartimos un sin fin de diversidades, entre ellos gente enojada con la vida, con ansiedad, en incertidumbre y de igual manera gente maravillosa, de corazones nobles e inolvidables, inclusive te hacen parte de su familia, pues todas las personas que nos encontramos a lo largo de nuestra vida, aparecen frente a nosotros con un propósito en nuestra evolución, hay un sentido en cada encuentro, no es casualidad, cada encuentro encierra una lección. No te arrepientas de haber conocido a alguien, cada persona tuvo un efecto en ti, positivo o negativo de lo cual te hizo crecer como persona y ver las cosas bajo otro enfoque, cada persona que te rodea tiene una misión que cumplir en tu vida, una enseñanza para dejarte y tu una enseñanza para dejárselas a ellos (as). En mi opinión muy personal en cuanto a todos los procesos por muy difíciles que sean siempre hay una parte positiva e inolvidable que cada vez que recuerdas das gracias infinitas, con un sentimiento genuino de agradecimiento.

Procesos de la vida que te ayudan a transformar tu perspectiva en este trayecto llamado vida. Es allí donde reflexionas que la vida no es lo que te sucede sino como reaccionas a ello; Indiferentemente cual sea la situación. Las personas diariamente vivimos un ritmo de acontecimientos o situaciones que implican y ponen en juego nuestra capacidad de adaptación y de respuestas en un medio cambiante. Circunstancias complicadas vamos a vivir muchas a lo largo de la vida y una de las cosas más importantes es saber gestionar esas situaciones y lo que nos provocan de forma más adecuada. Aceptar la adversidad no significa que no puedas sentir miedo, tristeza o frustración, dejar salir tus emociones es lo más sano que podemos hacer en bien de nosotros mismos, pero lo que no debemos permitir es que invadan tu día a día.

La adversidad nos puede enseñar a valorar muchas cosas que antes posiblemente no valorábamos, nos puede enseñar muchas cosas de nosotros mismos que ni conocíamos, sobre todo nos da una lección de vida que debemos aprender y no olvidar. Todo lo que nos sucede por más doloroso, difícil y complicado que pueda ser, tiene una enseñanza para darnos. La comprendemos, superamos el momento y seguimos adelante.

CAPITULO4

VIAJE A UN NUEVO CONTINENTE.

La situación se nos complica al extremo inesperado, esos donde la vida te coloca contra la pared, no hay soluciones posibles, ni vuelta atrás. Situaciones donde dices o lo tomo o lo tomo, o pierdo lo más preciado para mí, incluso tomando esa decisión existe la posibilidad de pérdida. Un Vacío inexplicable donde el corazón llora y la sensación de incertidumbre te abraza y poca esperanza te arropa. Y donde sales a respirar aire fresco porque sientes que hasta el oxígeno te falta y cuando la conciencia se olvida de su verdadera naturaleza como totalidad infinita, cuando se fragmenta, se siente perdida y débil. Sin embargo, cuando traemos de vuelta la conciencia por encima de la adversidad al momento presente y objetivo, podemos restaurar ese equilibrio de la unidad de nuestra naturaleza y poder infinito acompañado de fe. Es allí donde descubrimos en experiencia propia que la actitud se desarrolla a partir de los propios sentimientos y pensamientos internos y es inherente al comportamiento de cada uno, por cuanto todo el mundo se siente bien cuando es elogiado por su actitud ante las circunstancias cuando está en positivo y todo a tu favor, entonces reflexionamos ¿Y cuando la circunstancias son negativas? ¿Cuál es mi actitud frente a las circunstancias? Entra el diálogo interno. No todas las cosas son siempre como tú quieres, pero eso no quiere decir que las cosas vayan a ser siempre así. Por eso cuando las cosas no salgan como esperabas o surja algún contratiempo es importante internalizar que mañana será otro día, que te brindará una nueva oportunidad. Recuerda que hay dos formas de ver el vaso: medio lleno y puedes alegrarte al observar la mitad llena o puedes preocuparto por la mitad vacía.

La actitud que tomas frente a los problemas o sucesos que se presentan es la que determina la dimensión e importancia de los mismos. El "Si está en mis manos solucionarlo haré todo lo que sea necesario y si no lo está asumo y suelto, sabiendo que hice lo que fuese necesario". Muchas veces nos estresamos por situaciones que no están en nuestras manos la solución olvidando que la depresión y el estrés bajan nuestras defensas, pues al aumentar la producción de adrenalina y cortisol para preparar al cuerpo a reaccionar disminuyen los leucocitos y glóbulos blancos, células que defienden nuestro organismo, aumentando el riesgo de enfermedades. El camino más acertado es el autocontrol, serenidad, confianza, fe y una visión más positiva de las cosas, pues serán nuestras mejores armas para enfrentar con éxito lo que nos toque vivir. Entonces por consiguiente nuestro cuidado de salud completo será físico, psicológico, emocional, frente a cualquier situación.

CAPITULO 5

LLEGANDO A UN PAÍS DESCONOCIDO, OTRO CONTINENTE, SU IDIOMA, CULTURA DISTINTA A LA NUESTRA.

Llegando a tierras lejanas por circunstancias ajenas a nuestra voluntad, pero imprescindibles y necesarias, de esas que se vuelven la prioridad sobre la prioridad para luego no tener lamentaciones por negligencia. Cuando no conoces a nadie, no hablas su idioma, ni siquiera compartes sus gustos, ni aficiones. Los momentos que sientes que estás fuera de lugar, y dices, iniciaré a ver la vida de un modo "nuevos comienzos, inicio cero", cuando te das cuenta que tus estudios no son suficientes, que debes aprender nuevas cosas, incluyendo el idioma del lugar donde estás parado, cosas que inclusive hasta ignorabas, entonces comprendemos que la vida nunca deja de enseñar, y nunca dejamos de aprender.

Al inicio de nuevos tratamientos con muchos miedos, incertidumbre, viéndolos día a día y de frente cara a cara, inmediatamente nos llenamos de valor y fe, aún con la cruda realidad y los pies firmes, pero dispuestos a afrontar nuestra verdad, al mismo tiempo logras observar que van surgiendo avances positivos, de esos que te llena de esperanza y te dan el ánimo, dónde te vistes con la mejor actitud para dar el todo por seguir adelante para obtener los mejores resultados.

Entre procesos de avances en adaptación y cambio, teniendo la obligación, basado en las circunstancias, de estudiar y hablar nuevo idioma, como única alternativa para lograr comunicarnos en el entorno. También Surge la preeminencia, unir a la familia como una sola voz, y donde papá juega un rol importante como donante compatible, donde vemos de nuevo luz al final del camino, luego de un largo y arduo trayecto.

Es allí donde observamos que somos luz y sombra. Y entendemos que quien no acepta esta dualidad no se acepta a sí mismo. Y comprendemos que por esa causa habrá partes de nosotros que no queremos aceptar, la aceptación de nuestras sombras puede implicar dolor e insatisfacción, pero a la misma vez evolución y cambio.

En algunas ocasiones no reconocemos que hay un sin fin de cosas que escapan de nuestro control y que muchas veces debemos aprender a fluir con la vida, y observar que aprendizaje trae cada mañana. Reconocer que la necesidad de controlarlo todo viene determinado por el miedo al fracaso, a la incertidumbre y desconocemos que esa necesidad de controlar todo genera altos niveles de ansiedad, pues el gran problema es que no nos han preparado para los cambios, paradójicamente a la gran mayoría de personas nos educan para la búsqueda constante de la estabilidad, es allí donde surge nuestra negativa al cambio. Crear consciencia de esta realidad nos conduce de vuelta a experimentar la vida de una forma más genuina.

CAPITULO 6

CREANDO RELACIONES DE AMISTAD CON PERSONAS DE OTRAS CULTURAS.

Las relaciones son poderosas. Nuestras conexiones con los demás son la base del cambio para alcanzar objetivos significativos al aprender cada detalle de ellos, con el objetivo de tener una mejor convivencia y un mejor proceso de adaptación. Estando conscientes que todas las personas somos diferentes desde muchos puntos de vista, indiferentemente si son o no del mismo país, personalidad, aficiones, nivel de vida y creencias. Cuando inicias a convivir con una nueva cultura todos los días te das cuenta que nunca perdemos esa capacidad de asombro que tanto entusiasmo nos aporta, y que tienes curiosidad de conocer más y más de ellos.

Agradeciendo nos haya acogido Italia, país que nos abrió sus puertas como lugar para vivir, como nueva casa, mientras mi pequeño pasaba por procesos médicos importantes, logramos aprender mucho de ellos, sus costumbres, gastronomía, vestimenta e idioma, sin saber que se convertirían en nuestra mayor bendición.

CAPITULO 7

PROFESIÓN CON VOCACIÓN

Cuando vez la entrega día a día de una persona, dando lo mejor de sí para brindar bienestar y salud a quienes humanamente dependen de ellos, sientes que merecen tu respeto y admiración, personas que buscan todos los medios para restaurar la salud de tu ser amado, sin importar día, ni hora, pues me diréis, obvio es su trabajo, pues hay una gran diferencia entre profesión y vocación, y cuando estas dos se juntan, logras ver que hay una entrega sincera hacia la ayuda de la personas a cargo, al ver que hacen lo que esta y lo que no está en sus manos hacer, sientes que estas acompañado en el proceso con las personas correctas, personas muy apasionadas con lo que hacen, que están enamoradas de su profesión y le dedican muchísimas horas y energía para brindar lo mejor. Es allí donde expresas una inmensa gratitud a la vida por colocarte con las personas idóneas. Y allí entiendes que el sentimiento de gratitud, cuando nace desde el corazón conlleva una profunda conexión con uno mismo y con el entorno. Y en esa conexión, en esa unicidad nace la no separación del cuidado, el aprecio y el amor hacia esta vida, pese a que alguna vez, nuestras demandas sean muy superiores. Una vida verdaderamente plena viene para aquellos que también agradecen los contratiempos. Así mismo es importante saber que en aquello en lo que te enfocas se expande, cuando te enfocas en algo le das energía, y esa energía le da fuerza a aquello en lo que te concentras. Y te preguntaras que tiene que ver esto con estar agradecido. Cuando estás agradecido te concentras en aquello que te hace sentir bien, y el efecto es que atraes más de lo mismo. Por esto es de suma importancia entender esto, si realmente queremos mejorar.

Al transmitir a nuestro pequeño esa fe, entusiasmo y visión de optimismo logramos ver asombrosos cambios, todos unidos en una sola dirección, lograr lo que tanto esperábamos, la evolución y mejora absoluta de mi pequeño. Es allí donde pensamos que muchas veces olvidamos como seres humanos que No son los acontecimientos, ni las cosas de nuestro entorno, las que nos afectan, sino la idea y la valoración que cada uno de nosotros hace de las cosas que nos ocurren. Todo aquello que regula nuestra existencia se basa en pensamientos, sentimientos y acciones. Mirar a nuestro interior y entender como funcionamos, nos puede abrir nuevas puertas para lograr mejores resultados. Es de allí donde sabemos que el aprender a reconocer nuestras emociones negativas, el permitirnos sentirlo, interpretarlo si lo vemos desde un enfoque del lado positivo podemos concluir que esas emociones negativas que sentimos en momentos determinados son de gran ayuda para conseguir los objetivos que nos proponemos, te explico por qué desde mi enfoque, muchas veces intentamos desterrar, ocultar o evadir la tristeza, el enfado, la melancolía, la frustración, esos sentimientos a veces incomodos son también necesarios para vivir de manera emocionalmente saludables y nos pueden ayudar de gran manera para enfocarnos en una decisión rotunda para el cambio de una situación o cosas que ya no queremos en nuestra vida; es decir, podemos utilizarlas para nuestro mejor impulso y cambio sin retorno, si son bien canalizadas, y no nos quedamos atrapadas en ella..

Cuando llegue al punto donde me convierto en la terapeuta personal de mi pequeño y el mi cliente favorito. El inicio fue implantar nuevas creencias, y reprogramar la mente de mi pequeño y por consiguiente el mío propio, allí te das cuenta que cuando haces los cambios necesarios ocurren cosas inesperadas en la vida. Te contare en que consiste reprogramar el subconsciente.

La idea general que tenemos es que es algo así como una especie de cuarto oscuro donde hay grabada mucha información, a la cual no podemos acceder con normalidad.

Según la ciencia en ese lugar se encuentran guardados nuestros temores, los traumas de la infancia. Y cosas de las que no queremos recordar.

Lo cierto es que el tema del subconsciente va mucho más allá que esto que os acaba de decir. En el subconsciente se almacena también los hábitos que tenemos. La inmensa abundancia de ellos se encuentra ahí almacenado.

Por otro lado, el subconsciente es aquella parte que se encarga de las tareas automáticas del cuerpo. Estas tareas son, por ejemplo, los procesos de digestión, el latir del corazón, respirar…

El subconsciente, por otro lado, simplemente asume como cierto lo que la parte consciente le dice. Se podría decir que el subconsciente podría ser la locomotora de un tren, y el consciente su conductor.

Los que conocemos o trabajamos con la conducta humana sabemos que el subconsciente es altamente susceptible de programarse en dos condiciones:

- Alto impacto emocional. Lo frecuentemente conocido como "*trauma*".
- Repetición de pensamientos o autosugestión.

Hay una frase de Henry Ford que me encanta, la cual dice:

"tanto si piensas que puedes, como si piensas que no puedes, estás en lo cierto".

La diferencia entre las personas, es que aquella que consigue lo que quiera, y una persona que no, está solamente en aquello que piensan de sí misma. Hay varias maneras de reprogramar. El subconsciente no organiza de manera lógica y no suele aplicar etiquetas verbales que tengan un sentido coherente para nosotros, por lo que a menudo es muy difícil comprender sus mensajes o acceder a esta parte de la mente. Si no lo conocemos, Además, también desempeña el papel de un guardián celoso de aquellos contenidos que nuestra consciente no acepta. Sin embargo, en el subconsciente tenemos a un gran aliado si nosotros así lo deseamos. Es accesible y cumple nuestras órdenes, reprogramarlo es posible. Sólo hay que dedicarle tiempo, ganas y depositar nuestra creencia en el proceso.

Entonces me preguntaras ¿por qué desde el subconsciente? y yo te respondo:

Cuanto más insistas en conseguir algo que tu subconsciente no quiere, con más resistencias te vas a encontrar.

Entonces es allí donde el cambio debe empezar del subconsciente. Por lo cual lo que tenemos que hacer nosotros si queremos conseguir cambios formidables y duraderos es hacer que nuestra mente subconsciente apoye nuestra decisión de cambio.

Éstos son algunos consejos para aumentar el grado de control sobre tu propia mente y crear una mente más fuerte para la manifestación:

1. Aprende a vivir en el momento

Vivir el momento recablea la mente subconsciente para que considere solamente el presente. El pasado ya no puede afectarte por más tiempo con sus creencias limitantes y las fantasías del futuro no existen. Esto significa cambiar tu vida de forma muy rápida porque la mente se recablea para el triunfo a máxima velocidad y en el momento presente.

2. Detén los pensamientos errantes

A los pensamientos al azar y sin relación con lo que estás haciendo se les llama pensamientos errantes. Tener pensamientos errantes significa que no estás controlando tu mente. Cuando comiences a detener tus pensamientos errantes y a mantenerte concentrado en tu tarea actual tu mente será más disciplinada. Con esto conseguirás aumentar considerablemente tu concentración y el nivel de manifestación.

3. Realiza una cosa a la vez

Hacer dos cosas a la vez significa que tienes una atención dividida, desconcentrada. Haciendo una cosa a la vez aprovechas la concentración de tu mente y el grado de control que tienes sobre ella.

4. Repite sugestiones positivas que te den poder

Las pequeñas diferencias son todo lo que se necesita para crear grandes cambios en tu vida. Este concepto se denomina el efecto mariposa. Al repetir diariamente sugerencias que te den poder, continuamente estás reprogramando tu mente subconsciente lo que dará lugar a grandes cambios en el tiempo. También desarrollarás hábitos positivos y formas de pensar que te ayudarán en la manifestación.

Reprogramar el subconsciente mediante las ondas alfa

Esta técnica de lo que trata es de llevar a tu mente a un estado de relajación. Y una vez ahí, realizar afirmaciones para que éstas sean grabadas en tu subconsciente.

Se trata de utilizar frases como la del ejemplo de la técnica anterior. Solo que, en esta ocasión, al hacerlo en un estado alfa, la impresión en el subconsciente será más fuerte y rápida.

Nuestro cerebro emite, en todo momento, impulsos eléctricos (los cuales son información) que son transmitidos a través de las neuronas. Estos impulsos producen ritmos, a los que se llama «ONDAS CEREBRALES ».

Tenemos cuatro tipos principales de ondas cerebrales: beta, alfa, theta y delta.

Cada uno de estos estados se asocia a un momento de actividad del cerebro:

- BETA: el cerebro está en plena actividad, totalmente despierto. Se producen en momentos donde el individuo está embarcado en procesos mentales, como por ejemplo resolviendo un problema matemático. Son ondas amplias y de mayor velocidad.

- ALFA: se producen cuando el cerebro tiene poca actividad y está en un estado de relajación. Son ondas lentas y de mayor amplitud que las betas. Se producen, por ejemplo, cuando una persona disfruta con calma de un bonito paisaje, conectada al momento presente.
- THETA: ootoo ondas cerebrales son de mayor amplitud y menor frecuencia. Se asocian a momentos del sueño y estados de meditación profunda.
- DELTA: son las ondas de mayor amplitud y menor frecuencia. Aparecen cuando estamos en un estado de sueño profundo.

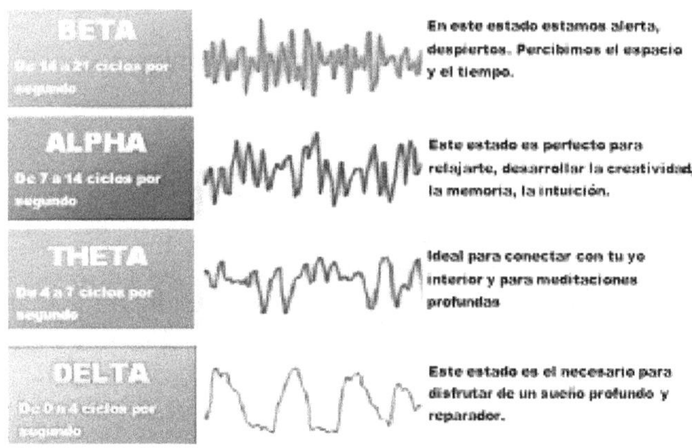

El estado perfecto para reprogramar el subconsciente es en estado Alfa, pues, aunque estamos despiertos y conscientes, nuestro cerebro se encuentra relajado. Para llegar a este estado (si no tienes experiencia con la meditación, porque si la tienes sólo has de ponerte a meditar) basta con que te sientes tranquilamente en una silla o sillón. Apagues los estímulos externos (televisión, teléfono…), cierres los ojos y te centres en tu respiración. Aparecerán pensamientos, pero si no les haces caso y te centras en la respiración, tu mente se irá relajando más y más.

En este momento, cuando experimentas una gran calma y quietud, es cuando el subconsciente se encuentra más sugestionable. Y es cuando has de repetir tus afirmaciones, aquellas que deseas programar en tu subconsciente. Simplemente repítelas varias veces, y procura que haya una emoción positiva (creencia) asociada. Esto es muy importante, dejar de lado las emociones negativas.

Cómo reprogramar el subconsciente antes de dormir y al despertar

Cuando despertamos, y al quedarnos dormidos, nuestro cerebro se encuentra en estado alfa de forma natural. Es ese momento donde, aunque eres consciente, estás un poco adormilado. Un momento perfecto para repetir las afirmaciones con las que quieres reprogramar tu subconsciente, pues no habrá resistencias de las programaciones negativas que tengas.

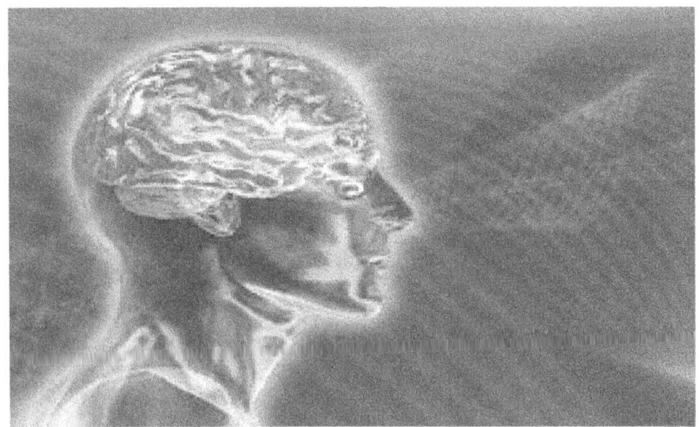

A mis amistades más allegadas siempre les repito: "el conocimiento es poder". Al ser constante con la realización de los trabajos diarios e implantando nuevos hábitos, y cambiando creencias subconscientes, arduo trabajo día a día, mezclado con experiencias, actividades que generen felicidad, satisfacción a la par de los procesos médicos, logramos observar avances radicales.

Si te podría afirmar allí está el secreto la mezcla de reprogramación subconsciente con actividades que generen felicidad. Porque deben ser a la par, porque los grados de sentimientos de satisfacción personal deben ser genuinos, verdaderos y perdurables para observar cambios.

Te explico: Los neurotransmisores son moléculas endógenas, es decir, son moléculas producidas por nuestro propio organismo y que se caracterizan porque cada una de ellas genera diversos efectos benéficos sobre nuestro cuerpo, haciendo nuestra vida más alegre, feliz y placentera. Suelen ser definidos como el "cuarteto de la felicidad"; estos cuatro fantásticos son los neurotransmisores claves en nuestro estado anímico, y se llaman endorfina, serotonina, dopamina y oxitocina. Los estudios recientes están poniendo un gran énfasis en aprovechar estos neurotransmisores para que las personas se vuelvan a "cablear", es decir, a reconectar para que puedan asimilar mejor y más velozmente las situaciones desafiantes de la vida. Y es que cuando tu cerebro emite uno de estos químicos, te sientes bien. Cada químico de la felicidad tiene un trabajo especial que hacer y se apaga una vez que el trabajo está hecho.

DOPAMINA: es la sustancia cerebral que se asocia con el enamoramiento, el bienestar y las sensaciones positivas de los logros. A su vez, es una hormona que concentra la felicidad que provoca una recompensa. La dopamina es esencial en el proceso de la motivación, las ganas, el desafío de lo nuevo. Es la que provee energía, entusiasmo y optimismo. Como provoca los centros cerebrales del placer, también es la que genera personas con adicciones (drogas, alcohol, tabaco, entre otros.), ya que regula las sensaciones placenteras.

Para tener más dopamina en tu vida:

- Duerme bien (al menos ocho horas diarias);

- Haz ejercicio con regularidad (mínimo tres veces por semana),

- Pasa tiempo al aire libre (es fundamental que tengas contacto con la luz solar),

- Toma mucha agua,

- Celebra cada logro que alcances.

- La risa- incluso de tus propios errores- es esencial,

- Bailar, estar con personas que te hacen bien, escuchar música agradable, son otras formas de estimular la dopamina.

Lo cierto es que este químico se dispara tanto cuando uno da el primer paso rumbo a un objetivo como cuando lo cumple. La mejor forma de elevar la dopamina es establecerse objetivos a corto plazo o dividir en pequeñas metas aquellos objetivos que son a más largo plazo. Y a celebrar, como decimos, cuando uno los   cumple.

OXITOCINA: Por estar relacionada con el desarrollo de comportamientos maternales y los apegos, la oxitocina suele ser apodada como "la hormona de los vínculos emocionales" y "la hormona del abrazo". Es la hormona de la confianza y de los lazos que tiendes con los demás, contribuyendo a la empatía. El compartir, el confiar, la entrega sincera, el abrazo, la intimidad con otros, son parte de lo que provoca.

Para segregar más oxitocina en tu vida:

- Come chocolate amargo,

- Haz el amor,

- Practica la solidaridad y la empatía sincera,

- Mantén pensamientos positivos,

- Da abrazos que duren al menos 20 segundos cada uno,

- Besa,

- Mima a tu mascota,

- Crea experiencias de valor positivo que te estimulen y te hagan crecer.

- Dar o recibir un regalo es otro ejemplo.

ENDORFINA: Las endorfinas son consideradas la morfina del cuerpo, una suerte de analgésico natural. Descubiertas hace 40 años, las endorfinas son la breve euforia que enmascara el dolor físico. Las endorfinas son muy conocidas como la hormona de la felicidad, y la reconoces de inmediato cuando te enamoras (porque cambia tu estado interno casi mágicamente), cuando haces ejercicio (esa sensación al terminar donde te encuentras lleno de energía y entusiasmo); cuando estás excitado y expectante por algo que te entusiasma; o también cuando comes algo que consideras muy sabroso.

Para estimular mejor las endorfinas:

- Reír; no tomarse las cosas demasiado a pecho;

- No tomar nada como personal en las relaciones con otros,

- Correr; cantar; bailar;

- Nuevamente, chocolate lo más oscuro posible,

- Movimiento físico que te haga bien,

- Ver películas, series y leer libros que te inspiren y te ayuden a crecer como persona; Según un estudio publicado recientemente por investigadores de la Universidad de Oxford, ver películas tristes aumenta los niveles de este químico.

- Respiración consciente meditación, mindfulness y cualquier disciplina que te conecte con la felicidad interior.

SEROTONINA: Actúa directamente sobre las emociones y es responsable de la sensación de bienestar, generando optimismo, buen humor y las habilidades sociales; en forma opuesta, inhibe el impulso agresivo, de violencia y de ira. Como la serotonina fluye cuando te sientes importante, el sentimiento de soledad y de depresión son respuestas químicas a su ausencia.

La serotonina regula el estado de ánimo, el hambre, la ganas de tener sexo y el sueño. Este neurotransmisor se activa cuando estamos disfrutando de cualquier actividad; las emociones se transforman en positivas y te vuelves más sensitivo a lo que sucede alrededor. Esto se traduce en mayor sensibilidad, por ejemplo, para conectar con el momento y vivir en el presente.

- Exponerse a la luz del sol,

- Recibir masajes,

- Hacer ejercicio físico aeróbico, como pasear y andar en bicicleta.

- Haz algo por otros; practica la bondad;

- Recuerda los buenos momentos;

- Busca un nuevo significado o sentido en las situaciones dolorosas, aprendiendo de ellas;

- Practica la gratitud varias veces al día;

- Duerme lo suficiente;

- Hidrátate en cantidades abundantes (mínimo dos litros de agua por día).

En todo este proceso de trabajos internos, momentos de felicidad, a la par de los procesos médicos y mucha fe, ya que siempre hemos sido creyentes en Dios, vencimos el cáncer de mi pequeño de dos años. Una leucemia Miloide en alto grado, sin solución en mi país de origen e iniciamos nueva vida…

CAPITULO 8

NUEVOS COMIENZOS, NUEVOS CAMINOS HACIA ESPAÑA.

Por varias razones, con nuestra mejor voluntad y a causa de la situación económica en nuestro país de origen Venezuela que en esos momentos no eran los más aptos, sobre todo en los aspectos médicos a pesar de haber vencido un gigante, se debe cumplir el protocolo postoperatorio para que todo marche correctamente, es allí donde se colocan en balance tus emociones y experimentas diferentes sentimientos y piensas en serio ¿debo continuar lejos de mis seres amados? Y a la vez piensas en tu pequeño a quien debes resguardar en bienestar.

Es allí cuando comprendemos a ciencia cierta que las emociones son una parte esencial de la experiencia humana. Antes que seres pensantes somos seres sensibles. La parte de nuestro cerebro que se encarga de procesar las emociones se construye antes que la responsable de los procesos cognitivos.
Las emociones son estados complejos, fenómenos multidimensionales caracterizados por cuatro elementos: cognitivo, fisiológico, conductual y expresivo. Los estímulos emocionales interactúan con las habilidades cognitivas, afectando a la capacidad de razonamiento, la toma de decisiones, la memoria, la actitud y la disposición para el aprender.

La investigación nos muestra que tanto emociones como los sentimientos, pueden fomentar el aprendizaje al intensificar la actividad de las redes neuronales y reforzar las conexiones sinápticas. Emoción y motivación dirigen el sistema de atención, que decide qué informaciones se archivan en los circuitos neuronales y, por tanto, se aprenden.
No puedes evitar sentir emociones. Las emociones están ahí porque tienen una función evolutiva, un sentido biológico de supervivencia. Si nuestros antepasados no hubieran sentido miedo delante de una manada de tigres, probablemente el ser humano no hubiera llegado hasta hoy en día.

Antes de entrar plenamente en la materia que aquí nos ocupa, creo que es importante que valoremos una serie de aspectos esenciales que nos ayudarán a poder empezar una nueva vida. tal y como ya te he comentado, entre manos está tu felicidad, tu futuro y tu existencia, por tanto, tienes que ser muy consecuente y haber pensado bien en todos los pros y contras antes de tirarte a la piscina y decidir abandonarlo todo para comenzar de cero.
Es como hacer una limpieza de clóset. Revisas qué hay, sacas lo viejo y haces espacio para lo nuevo. Aunque realmente nunca empiezas de cero. Tus piezas favoritas permanecen después de la gran depuración.

Cuando se trata de tu vida no sueltas prendas, sino malos hábitos, amistades destructivas, pensamientos fútiles y cualquier otra situación que esté frenando la evolución de tu alma. Lo único que debe permanecer son los aprendizajes que esas situaciones te han dejado.

La mayoría de la gente posterga esta limpieza hasta que el año nuevo se acerca o caen tan bajo que ya no tienen para dónde cavar. Viajando aprendí que los trayectos son más sencillos cuando cargas ligero. Por eso, me gusta aprovechar la oportunidad de renovar mi vida y comenzar desde cero con cada amanecer.

Todas las noches antes de dormir, hago un ejercicio de reflexión. Empiezo anotando las actividades que hice durante el día.

Esta reflexión me ayuda a recordar que no importa qué tan bueno o desastroso haya sido mi día. La mañana siguiente representa una oportunidad para hacer más de lo positivo, que me hace sentir orgullosa y menos de lo negativo, que me hunde en el fango.

Pero tienes que tener una cosa clara: los cambios NO son fáciles. Por tanto, a la hora de proponerte a empezar una nueva vida tienes que saber que este cambio no será como coser y cantar, sino que tendrás que poner de tu voluntad, esfuerzo y lucha para comenzar de cero. Por tanto, también te recomiendo que, una vez hayas determinado tus objetivos y tus metas, también tengas en consideración los diferentes obstáculos que pueden aparecerte en el camino y, así, valores si estás dispuesto a asumir esos riesgos. En el caso de que no termines de verlo claro, sigue reflexionando y dándole vueltas al asunto hasta que veas, claramente, cuál es el camino que quieres seguir. No tengas prisa, tu vida y felicidad están en tus manos.

CAPITULO 9

ABRE TU MENTE A NUEVAS ACTIVIDADES Y EXPERIENCIAS

Romper con el pasado es esencial para empezar una nueva vida. Y esto también implica dejar atrás tus viejos miedos o inseguridades. Tienes que empezar de nuevo tanto por dentro como por fuera así que empieza a probar nuevas actividades y a moverte en otros círculos que puedan hacerte crecer personalmente. Todo ello te ayudará a reinventarte y a construir un camino sorprendente, lleno de novedades y mágico para ti.

No es así. Nunca es tarde para salir del sufrimiento. De hecho, es una obligación hacerlo. Te proponemos tener en cuenta esta serie de recomendaciones de cómo empezar de cero.

Tu futuro no está escrito y el mañana puede estar habitado por nuevas oportunidades

Si de algo sirve el pasado es para enseñarnos, para ofrecernos sabiduría, acierto y madurez. Eso es algo de lo que tú dispones. Eres alguien sabio en cuanto a vivencias y aprendizajes de la vida. Es valor añadido, un arma de poder.

Piensa que cuando damos el paso hacia el cambio, todo es increíblemente nuevo. Lo nuevo no es malo, nos asusta muchas veces sí, pero nos ofrece la oportunidad de alcanzar aquello que buscamos o deseamos.

Lo que deseas es ante todo sentirte bien contigo mismo, liberarte de angustias, lágrimas. El fracaso no debe determinarte, sino incentivarte para dar un paso más allá y encontrar tu éxito particular.

Mis inicios el cual lo llamo cero.

Estar lejos de mi familia, pero con un niño lleno de vitalidad, con ganas de vivir y mucho entusiasmo tu vida se potencia, buscas las decisiones más acertadas con la intención de brindar bienestar a los tuyos y valor a tú propia vida.

Licenciada Ana Sofia Prieto Ocaña
Psicopedagoga.
Lic. en educación, especialista en el área
cultural.
Idiomas Italiano – Español
Vive en Barcelona, España.

www.ingramcontent.com/pod-product-compliance
Lightning Source LLC
Chambersburg PA
CBHW060923130726
48001CB00006B/2385

9 798707 674914